Carnet De Suivi Des Heures De Travail, Plus Les Heures Supplémentaires .

Daftir Siwar

Année : ....   Mois : ....

Nom :

Numéro d'identification:

Téléphone:

E-mail:

Dept .

Superviseur **:**

Jour	Date	Description Du Travail / Tâches	H. Régulières		H. Suppl.		Total Heures
			Début H : MM	**Fin** H : MM	**Début** H : MM	**Fin** H : MM	
		TOTAL					

Année : ....   Mois : ....

Nom :

Numéro d'identification:

Téléphone:

E-mail:

Dept .

Superviseur :

Jour	Date	Description Du Travail / Tâches	H. Régulières Début H : MM	H. Régulières Fin H : MM	H. Suppl. Début H : MM	H. Suppl. Fin H : MM	Total Heures
		TOTAL					

Année : .... Mois : ....

Nom :

Numéro d'identification:

Téléphone:

E-mail:

Dept .

Superviseur **:**

			H. Régulières		**H. Suppl.**		
Jour	Date	Description Du Travail / Tâches	**Début** H : MM	**Fin** H : MM	**Début** H : MM	**Fin** H : MM	Total Heures
		TOTAL					

Année : ……….. Mois : ……………

Nom :
Numéro d'identification:
Téléphone:
E-mail:

Dept .
Superviseur :

Jour	Date	Description Du Travail / Tâches	H. Régulières Début H : MM	H. Régulières Fin H : MM	H. Suppl. Début H : MM	H. Suppl. Fin H : MM	Total Heures
		TOTAL					

Année : ....   Mois : ....

Nom :

Numéro d'identification:

Téléphone:

E-mail:

Dept .

Superviseur **:**

Jour	Date	Description Du Travail / Tâches	**H. Régulières** Début H : MM	**H. Régulières** Fin H : MM	**H. Suppl.** Début H : MM	**H. Suppl.** Fin H : MM	Total Heures
		TOTAL					

Année : ....   Mois : ....

Nom :

Numéro d'identification:

Téléphone:

E-mail:

Dept .

Superviseur **:**

Jour	Date	Description Du Travail / Tâches	**H. Régulières** Début H : MM	**H. Régulières** Fin H : MM	**H. Suppl.** Début H : MM	**H. Suppl.** Fin H : MM	Total Heures
		TOTAL					

Année : .... Mois : ....

Nom : ____________________

Numéro d'identification: ____________________

Téléphone: ____________________

E-mail: ____________________

Dept . ____________________

Superviseur **:** ____________________

			H. Régulières		H. Suppl.		
Jour	Date	Description Du Travail / Tâches	Début H : MM	Fin H : MM	Début H : MM	Fin H : MM	Total Heures
		TOTAL					

Année : .... Mois : ....

Nom :

Numéro d'identification:

Téléphone:

E-mail:

Dept .

Superviseur :

Jour	Date	Description Du Travail / Tâches	H. Régulières Début H : MM	H. Régulières Fin H : MM	H. Suppl. Début H : MM	H. Suppl. Fin H : MM	Total Heures
		TOTAL					

Année : ....   Mois : ....

Nom :

Numéro d'identification:

Téléphone:

E-mail:

Dept .

Superviseur **:**

			H. Régulières		H. Suppl.		
Jour	Date	Description Du Travail / Tâches	Début H : MM	Fin H : MM	Début H : MM	Fin H : MM	Total Heures
		TOTAL					

Année : .... Mois : ....

Nom :

Numéro d'identification:

Téléphone:

E-mail:

Dept .

Superviseur :

Jour	Date	Description Du Travail / Tâches	H. Régulières Début H : MM	H. Régulières Fin H : MM	H. Suppl. Début H : MM	H. Suppl. Fin H : MM	Total Heures
		TOTAL					

Année : ....   Mois : ....

Nom :

Numéro d'identification:

Téléphone:

E-mail:

Dept .

Superviseur **:**

			H. Régulières		**H. Suppl.**		
Jour	Date	Description Du Travail / Tâches	**Début** H : MM	**Fin** H : MM	**Début** H : MM	**Fin** H : MM	Total Heures
		TOTAL					

Année : ………. Mois : ……………

Nom : ……………………………………

Numéro d'identification: ……………………………………

Téléphone: ……………………………………

E-mail: ……………………………………

Dept . ……………………………………

Superviseur **:** ……………………………………

			H. Régulières		H. Suppl.		
Jour	Date	Description Du Travail / Tâches	Début H : MM	Fin H : MM	Début H : MM	Fin H : MM	Total Heures
		TOTAL					

Année : .... Mois : ....

Nom :

Numéro d'identification:

Téléphone:

E-mail:

Dept .

Superviseur :

			H. Régulières		H. Suppl.		
Jour	Date	Description Du Travail / Tâches	Début H : MM	Fin H : MM	Début H : MM	Fin H : MM	Total Heures
		TOTAL					

Année : ....   Mois : ....

Nom : ______________________________

Numéro d'identification: ______________________________

Téléphone: ______________________________

E-mail: ______________________________

Dept . ______________________________

Superviseur **:** ______________________________

			H. Régulières		H. Suppl.		
Jour	Date	Description Du Travail / Tâches	Début H : MM	Fin H : MM	Début H : MM	Fin H : MM	Total Heures
		TOTAL					

Année : ....   Mois : ....

Nom :

Numéro d'identification:

Téléphone:

E-mail:

Dept .

Superviseur :

Jour	Date	Description Du Travail / Tâches	H. Régulières		H. Suppl.		Total Heures
			Début H : MM	Fin H : MM	Début H : MM	Fin H : MM	
		TOTAL					

Année : .... Mois : ....

Nom : ____________________

Numéro d'identification: ____________________

Téléphone: ____________________

E-mail: ____________________

Dept . ____________________

Superviseur **:** ____________________

Jour	Date	Description Du Travail / Tâches	**H. Régulières** Début H : MM	Fin H : MM	**H. Suppl.** Début H : MM	Fin H : MM	Total Heures
		TOTAL					

Année : .... Mois : ....

Nom :

Numéro d'identification:

Téléphone:

E-mail:

Dept .

Superviseur :

Jour	Date	Description Du Travail / Tâches	H. Régulières Début H : MM	H. Régulières Fin H : MM	H. Suppl. Début H : MM	H. Suppl. Fin H : MM	Total Heures
		TOTAL					

Année : .... Mois : ....

Nom :

Numéro d'identification:

Téléphone:

E-mail:

Dept .

Superviseur **:**

Jour	Date	Description Du Travail / Tâches	H. Régulières Début H : MM	H. Régulières Fin H : MM	H. Suppl. Début H : MM	H. Suppl. Fin H : MM	Total Heures
		TOTAL					

Année : ....   Mois : ....

Nom :
Numéro d'identification:
Téléphone:
E-mail:

Dept .
Superviseur :

			H. Régulières		H. Suppl.		
Jour	Date	Description Du Travail / Tâches	Début H : MM	Fin H : MM	Début H : MM	Fin H : MM	Total Heures
		TOTAL					

Année : .... Mois : ....

Nom : ______________________

Numéro d'identification: ______________________

Téléphone: ______________________

E-mail: ______________________

Dept . ______________________

Superviseur **:** ______________________

Jour	Date	Description Du Travail / Tâches	**H. Régulières**		**H. Suppl.**		Total Heures
			Début H : MM	**Fin** H : MM	**Début** H : MM	**Fin** H : MM	
		TOTAL					

Année : ....   Mois : ....

Nom :

Numéro d'identification:

Téléphone:

E-mail:

Dept .

Superviseur **:**

Jour	Date	Description Du Travail / Tâches	**H. Régulières** Début H : MM	**H. Régulières** Fin H : MM	**H. Suppl.** Début H : MM	**H. Suppl.** Fin H : MM	Total Heures
		TOTAL					

Année : ....   Mois : ....

Nom :
Numéro d'identification:
Téléphone:
E-mail:

Dept .
Superviseur :

Jour	Date	Description Du Travail / Tâches	H. Régulières		H. Suppl.		Total Heures
			Début H : MM	Fin H : MM	Début H : MM	Fin H : MM	
		TOTAL					

Année : .... Mois : ....

Nom :

Numéro d'identification:

Téléphone:

E-mail:

Dept .

Superviseur :

Jour	Date	Description Du Travail / Tâches	H. Régulières Début H : MM	H. Régulières Fin H : MM	H. Suppl. Début H : MM	H. Suppl. Fin H : MM	Total Heures
		TOTAL					

Année : .... Mois : ....

Nom : ____________________

Numéro d'identification: ____________________

Téléphone: ____________________

E-mail: ____________________

Dept . ____________________

Superviseur **:** ____________________

			H. Régulières		H. Suppl.		
Jour	Date	Description Du Travail / Tâches	Début H : MM	Fin H : MM	Début H : MM	Fin H : MM	Total Heures
		TOTAL					

Année : .... Mois : ....

Nom :
Numéro d'identification:
Téléphone:
E-mail:

Dept .
Superviseur **:**

			H. Régulières		H. Suppl.		
Jour	Date	Description Du Travail / Tâches	Début H : MM	Fin H : MM	Début H : MM	Fin H : MM	Total Heures
		TOTAL					

Année : ……….   Mois : ……………

Nom : ______________________

Numéro d'identification: ______________________

Téléphone: ______________________

E-mail: ______________________

Dept . ______________________

Superviseur **:** ______________________

Jour	Date	Description Du Travail / Tâches	H. Régulières		H. Suppl.		Total Heures
			Début H : MM	Fin H : MM	Début H : MM	Fin H : MM	
		TOTAL					

Année : ....   Mois : ....

Nom : ______________________________

Numéro d'identification: ______________________________

Téléphone: ______________________________

E-mail: ______________________________

Dept . ______________________________

Superviseur **:** ______________________________

			H. Régulières		H. Suppl.		
Jour	Date	Description Du Travail / Tâches	Début H : MM	Fin H : MM	Début H : MM	Fin H : MM	Total Heures
		TOTAL					

Année : .... Mois : ....

Nom :

Numéro d'identification:

Téléphone:

E-mail:

Dept .

Superviseur **:**

			H. Régulières		**H. Suppl.**		
Jour	Date	Description Du Travail / Tâches	**Début** H : MM	**Fin** H : MM	**Début** H : MM	**Fin** H : MM	Total Heures
		TOTAL					

Année : ....   Mois : ....

Nom : ____________________

Numéro d'identification: ____________________

Téléphone: ____________________

E-mail: ____________________

Dept . ____________________

Superviseur : ____________________

			H. Régulières		H. Suppl.		
Jour	Date	Description Du Travail / Tâches	Début H : MM	Fin H : MM	Début H : MM	Fin H : MM	Total Heures
		TOTAL					

Année : ……….. Mois : ……………

Nom :

Numéro d'identification:

Téléphone:

E-mail:

Dept .

Superviseur :

Jour	Date	Description Du Travail / Tâches	H. Régulières Début H : MM	H. Régulières Fin H : MM	H. Suppl. Début H : MM	H. Suppl. Fin H : MM	Total Heures
		TOTAL					

Année : .... Mois : ....

Nom :

Numéro d'identification:

Téléphone:

E-mail:

Dept .

Superviseur **:**

Jour	Date	Description Du Travail / Tâches	H. Régulières		H. Suppl.		Total Heures
			Début H : MM	Fin H : MM	Début H : MM	Fin H : MM	
		TOTAL					

Année : .... Mois : ....

Nom :

Numéro d'identification:

Téléphone:

E-mail:

Dept .

Superviseur :

Jour	Date	Description Du Travail / Tâches	H. Régulières Début H : MM	H. Régulières Fin H : MM	H. Suppl. Début H : MM	H. Suppl. Fin H : MM	Total Heures
		TOTAL					

Année : ....   Mois : ....

Nom :

Numéro d'identification:

Téléphone:

E-mail:

Dept .

Superviseur :

Jour	Date	Description Du Travail / Tâches	H. Régulières		H. Suppl.		Total Heures
			Début H : MM	Fin H : MM	Début H : MM	Fin H : MM	
		TOTAL					

Année : ………. Mois : …………..

Nom : ____________________

Numéro d'identification: ____________________

Téléphone: ____________________

E-mail: ____________________

Dept . ____________________

Superviseur **:** ____________________

Jour	Date	Description Du Travail / Tâches	H. Régulières Début H : MM	H. Régulières Fin H : MM	H. Suppl. Début H : MM	H. Suppl. Fin H : MM	Total Heures
		TOTAL					

Année : ....   Mois : ....

Nom :

Numéro d'identification:

Téléphone:

E-mail:

Dept .

Superviseur :

Jour	Date	Description Du Travail / Tâches	H. Régulières Début H : MM	H. Régulières Fin H : MM	H. Suppl. Début H : MM	H. Suppl. Fin H : MM	Total Heures
		TOTAL					

Année : ....   Mois : ....

Nom : ____________________

Numéro d'identification: ____________________

Téléphone: ____________________

E-mail: ____________________

Dept . ____________________

Superviseur **:** ____________________

Jour	Date	Description Du Travail / Tâches	**H. Régulières** Début H : MM	**H. Régulières** Fin H : MM	**H. Suppl.** Début H : MM	**H. Suppl.** Fin H : MM	Total Heures
		TOTAL					

Année : ....   Mois : ....

Nom :

Numéro d'identification:

Téléphone:

E-mail:

Dept .

Superviseur **:**

			H. Régulières		H. Suppl.		
Jour	Date	Description Du Travail / Tâches	Début H : MM	Fin H : MM	Début H : MM	Fin H : MM	Total Heures
		TOTAL					

Année : .... Mois : ....

Nom : ____________________

Numéro d'identification: ____________________

Téléphone: ____________________

E-mail: ____________________

Dept . ____________________

Superviseur **:** ____________________

			H. Régulières		H. Suppl.		
Jour	Date	Description Du Travail / Tâches	Début H : MM	Fin H : MM	Début H : MM	Fin H : MM	Total Heures
		TOTAL					

Année : .... Mois : ....

Nom :

Numéro d'identification:

Téléphone:

E-mail:

Dept .

Superviseur :

			H. Régulières		H. Suppl.		
Jour	Date	Description Du Travail / Tâches	Début H : MM	Fin H : MM	Début H : MM	Fin H : MM	Total Heures
		TOTAL					

Année : ……….. Mois : ……………

Nom :

Numéro d'identification:

Téléphone:

E-mail:

Dept .

Superviseur :

Jour	Date	Description Du Travail / Tâches	H. Régulières Début H : MM	H. Régulières Fin H : MM	H. Suppl. Début H : MM	H. Suppl. Fin H : MM	Total Heures
		TOTAL					

Année : ....   Mois : ....

Nom :

Numéro d'identification:

Téléphone:

E-mail:

Dept .

Superviseur :

Jour	Date	Description Du Travail / Tâches	H. Régulières Début H : MM	H. Régulières Fin H : MM	H. Suppl. Début H : MM	H. Suppl. Fin H : MM	Total Heures
		TOTAL					

Année : .... Mois : ....

Nom : ______________________

Numéro d'identification: ______________________

Téléphone: ______________________

E-mail: ______________________

Dept . ______________________

Superviseur : ______________________

Jour	Date	Description Du Travail / Tâches	H. Régulières Début H : MM	H. Régulières Fin H : MM	H. Suppl. Début H : MM	H. Suppl. Fin H : MM	Total Heures
		TOTAL					

Année : ....   Mois : ....

Nom :

Numéro d'identification:

Téléphone:

E-mail:

Dept .

Superviseur **:**

			H. Régulières		H. Suppl.		
Jour	Date	Description Du Travail / Tâches	Début H : MM	Fin H : MM	Début H : MM	Fin H : MM	Total Heures
		TOTAL					

Année : .... Mois : ....

Nom : ____________________

Numéro d'identification: ____________________

Téléphone: ____________________

E-mail: ____________________

Dept . ____________________

Superviseur **:** ____________________

			H. Régulières		H. Suppl.		
Jour	Date	Description Du Travail / Tâches	Début H : MM	Fin H : MM	Début H : MM	Fin H : MM	Total Heures
		TOTAL					

Année : ....   Mois : ....

Nom :
Numéro d'identification:
Téléphone:
E-mail:

Dept .
Superviseur :

Jour	Date	Description Du Travail / Tâches	H. Régulières Début H : MM	H. Régulières Fin H : MM	H. Suppl. Début H : MM	H. Suppl. Fin H : MM	Total Heures
		TOTAL					

Année : .... Mois : ....

Nom : ________________

Numéro d'identification: ________________

Téléphone: ________________

E-mail: ________________

Dept . ________________

Superviseur **:** ________________

Jour	Date	Description Du Travail / Tâches	**H. Régulières** Début H : MM	Fin H : MM	**H. Suppl.** Début H : MM	Fin H : MM	Total Heures
		TOTAL					

Année : .... Mois : ....

Nom : ....

Numéro d'identification: ....

Téléphone: ....

E-mail: ....

Dept . ...

Superviseur **:** ....

Jour	Date	Description Du Travail / Tâches	H. Régulières Début H : MM	H. Régulières Fin H : MM	H. Suppl. Début H : MM	H. Suppl. Fin H : MM	Total Heures
		TOTAL					

Année : ....   Mois : ....

Nom : ______________________________

Numéro d'identification: ______________________________

Téléphone: ______________________________

E-mail: ______________________________

Dept . ______________________________

Superviseur **:** ______________________________

Jour	Date	Description Du Travail / Tâches	H. Régulières Début H : MM	H. Régulières Fin H : MM	H. Suppl. Début H : MM	H. Suppl. Fin H : MM	Total Heures
		TOTAL					

Année : .... Mois : ....

Nom : ____________________

Numéro d'identification: ____________________

Téléphone: ____________________

E-mail: ____________________

Dept . ____________________

Superviseur : ____________________

Jour	Date	Description Du Travail / Tâches	H. Régulières Début H : MM	H. Régulières Fin H : MM	H. Suppl. Début H : MM	H. Suppl. Fin H : MM	Total Heures
		TOTAL					

Année : .... Mois : ....

Nom :

Numéro d'identification:

Téléphone:

E-mail:

Dept .

Superviseur :

Jour	Date	Description Du Travail / Tâches	H. Régulières Début H : MM	H. Régulières Fin H : MM	H. Suppl. Début H : MM	H. Suppl. Fin H : MM	Total Heures
		TOTAL					

Année : .... Mois : ....

Nom :

Numéro d'identification:

Téléphone:

E-mail:

Dept .

Superviseur :

Jour	Date	Description Du Travail / Tâches	H. Régulières Début H : MM	H. Régulières Fin H : MM	H. Suppl. Début H : MM	H. Suppl. Fin H : MM	Total Heures
		TOTAL					

Année : .... Mois : ....

Nom :

Numéro d'identification:

Téléphone:

E-mail:

Dept .

Superviseur :

Jour	Date	Description Du Travail / Tâches	H. Régulières Début H : MM	H. Régulières Fin H : MM	H. Suppl. Début H : MM	H. Suppl. Fin H : MM	Total Heures
		TOTAL					

Année : ....   Mois : ....

Nom :

Numéro d'identification:

Téléphone:

E-mail:

Dept .

Superviseur :

Jour	Date	Description Du Travail / Tâches	H. Régulières Début H : MM	H. Régulières Fin H : MM	H. Suppl. Début H : MM	H. Suppl. Fin H : MM	Total Heures
		TOTAL					

Année : ....   Mois : ....

Nom :

Numéro d'identification:

Téléphone:

E-mail:

Dept .

Superviseur **:**

Jour	Date	Description Du Travail / Tâches	H. Régulières		H. Suppl.		Total Heures
			Début H : MM	**Fin** H : MM	**Début** H : MM	**Fin** H : MM	
		TOTAL					

Année : .... Mois : ....

Nom : ____________________

Numéro d'identification: ____________________

Téléphone: ____________________

E-mail: ____________________

Dept . ____________________

Superviseur : ____________________

Jour	Date	Description Du Travail / Tâches	H. Régulières Début H : MM	H. Régulières Fin H : MM	H. Suppl. Début H : MM	H. Suppl. Fin H : MM	Total Heures
		TOTAL					

Année : ....   Mois : ....

Nom :

Numéro d'identification:

Téléphone:

E-mail:

Dept .

Superviseur :

			H. Régulières		H. Suppl.		
Jour	Date	Description Du Travail / Tâches	Début H : MM	Fin H : MM	Début H : MM	Fin H : MM	Total Heures
		TOTAL					

Année : .... Mois : ....

Nom : ____________________

Numéro d'identification: ____________________

Téléphone: ____________________

E-mail: ____________________

Dept . ____________________

Superviseur **:** ____________________

			H. Régulières		**H. Suppl.**		
Jour	Date	Description Du Travail / Tâches	**Début** H : MM	**Fin** H : MM	**Début** H : MM	**Fin** H : MM	Total Heures
		TOTAL					

Année : ……….. Mois : ……………

Nom :

Numéro d'identification:

Téléphone:

E-mail:

Dept .

Superviseur **:**

Jour	Date	Description Du Travail / Tâches	**H. Régulières** Début H : MM	**H. Régulières** Fin H : MM	**H. Suppl.** Début H : MM	**H. Suppl.** Fin H : MM	Total Heures
		TOTAL					

Année : ………. Mois : …………..

Nom :

Numéro d'identification:

Téléphone:

E-mail:

Dept .

Superviseur **:**

Jour	Date	Description Du Travail / Tâches	**H. Régulières** Début H : MM	**H. Régulières** Fin H : MM	**H. Suppl.** Début H : MM	**H. Suppl.** Fin H : MM	Total Heures
		TOTAL					

Année : ....   Mois : ....

Nom :

Numéro d'identification:

Téléphone:

E-mail:

Dept .

Superviseur **:**

Jour	Date	Description Du Travail / Tâches	**H. Régulières** Début H : MM	**H. Régulières** Fin H : MM	**H. Suppl.** Début H : MM	**H. Suppl.** Fin H : MM	Total Heures
		TOTAL					

Année : ……….. Mois : ……………

Nom :
Numéro d'identification:
Téléphone:
E-mail:

Dept .
Superviseur :

			H. Régulières		H. Suppl.		
Jour	Date	Description Du Travail / Tâches	Début H : MM	Fin H : MM	Début H : MM	Fin H : MM	Total Heures
		TOTAL					

Année : ....   Mois : ....

Nom :

Numéro d'identification:

Téléphone:

E-mail:

Dept .

Superviseur **:**

Jour	Date	Description Du Travail / Tâches	H. Régulières Début H : MM	H. Régulières Fin H : MM	H. Suppl. Début H : MM	H. Suppl. Fin H : MM	Total Heures
		TOTAL					

Année : ....   Mois : ....

Nom :

Numéro d'identification:

Téléphone:

E-mail:

Dept .

Superviseur **:**

Jour	Date	Description Du Travail / Tâches	**H. Régulières**		**H. Suppl.**		Total Heures
			Début H : MM	**Fin** H : MM	**Début** H : MM	**Fin** H : MM	
		TOTAL					

Année : .... Mois : ....

Nom :

Numéro d'identification:

Téléphone:

E-mail:

Dept .

Superviseur :

			H. Régulières		H. Suppl.		
Jour	Date	Description Du Travail / Tâches	Début H : MM	Fin H : MM	Début H : MM	Fin H : MM	Total Heures
		TOTAL					

Année : ....   Mois : ....

Nom :

Numéro d'identification:

Téléphone:

E-mail:

Dept .

Superviseur :

Jour	Date	Description Du Travail / Tâches	H. Régulières Début H : MM	H. Régulières Fin H : MM	H. Suppl. Début H : MM	H. Suppl. Fin H : MM	Total Heures
		TOTAL					

Année : .... Mois : ....

Nom : ....

Numéro d'identification: ....

Téléphone: ....

E-mail: ....

Dept . ...

Superviseur **:** ....

Jour	Date	Description Du Travail / Tâches	**H. Régulières** Début H : MM	**H. Régulières** Fin H : MM	**H. Suppl.** Début H : MM	**H. Suppl.** Fin H : MM	Total Heures
		TOTAL					

Année : .... Mois : ....

Nom :

Numéro d'identification:

Téléphone:

E-mail:

Dept .

Superviseur :

Jour	Date	Description Du Travail / Tâches	H. Régulières Début H : MM	H. Régulières Fin H : MM	H. Suppl. Début H : MM	H. Suppl. Fin H : MM	Total Heures
		TOTAL					

Année : ....   Mois : ....

Nom : ______________________________

Numéro d'identification: ______________________________

Téléphone: ______________________________

E-mail: ______________________________

Dept . ______________________________

Superviseur **:** ______________________________

			H. Régulières		H. Suppl.		
Jour	Date	Description Du Travail / Tâches	Début H : MM	Fin H : MM	Début H : MM	Fin H : MM	Total Heures
		TOTAL					

Année : ....   Mois : ....

Nom :

Numéro d'identification:

Téléphone:

E-mail:

Dept .

Superviseur :

Jour	Date	Description Du Travail / Tâches	H. Régulières Début H : MM	H. Régulières Fin H : MM	H. Suppl. Début H : MM	H. Suppl. Fin H : MM	Total Heures
		TOTAL					

Année : ……….. Mois : ……………

Nom :

Numéro d'identification:

Téléphone:

E-mail:

Dept .

Superviseur **:**

			H. Régulières		H. Suppl.		
Jour	Date	Description Du Travail / Tâches	Début H : MM	Fin H : MM	Début H : MM	Fin H : MM	Total Heures
		TOTAL					

Année : .... Mois : ....

Nom :

Numéro d'identification:

Téléphone:

E-mail:

Dept .

Superviseur :

Jour	Date	Description Du Travail / Tâches	H. Régulières Début H : MM	H. Régulières Fin H : MM	H. Suppl. Début H : MM	H. Suppl. Fin H : MM	Total Heures
		TOTAL					

Année : ....   Mois : ....

Nom :

Numéro d'identification:

Téléphone:

E-mail:

Dept .

Superviseur **:**

Jour	Date	Description Du Travail / Tâches	H. Régulières Début H : MM	H. Régulières Fin H : MM	H. Suppl. Début H : MM	H. Suppl. Fin H : MM	Total Heures
		TOTAL					

Année : ……….. Mois : ……………

Nom :

Numéro d'identification:

Téléphone:

E-mail:

Dept .

Superviseur **:**

			H. Régulières		**H. Suppl.**		
Jour	Date	Description Du Travail / Tâches	**Début** H : MM	**Fin** H : MM	**Début** H : MM	**Fin** H : MM	Total Heures
		TOTAL					

Année : ....   Mois : ....

Nom :

Numéro d'identification:

Téléphone:

E-mail:

Dept .

Superviseur **:**

			H. Régulières		**H. Suppl.**		
Jour	Date	Description Du Travail / Tâches	**Début** H : MM	**Fin** H : MM	**Début** H : MM	**Fin** H : MM	Total Heures
		TOTAL					

Année : ....   Mois : ....

Nom :

Numéro d'identification:

Téléphone:

E-mail:

Dept .

Superviseur **:**

Jour	Date	Description Du Travail / Tâches	**H. Régulières**		**H. Suppl.**		Total Heures
			Début H : MM	**Fin** H : MM	**Début** H : MM	**Fin** H : MM	
		TOTAL					

Année : ....   Mois : ....

Nom :

Numéro d'identification:

Téléphone:

E-mail:

Dept .

Superviseur :

			H. Régulières		H. Suppl.		
Jour	Date	Description Du Travail / Tâches	Début H : MM	Fin H : MM	Début H : MM	Fin H : MM	Total Heures
		TOTAL					

Année : ....   Mois : ....

Nom :

Numéro d'identification:

Téléphone:

E-mail:

Dept .

Superviseur :

Jour	Date	Description Du Travail / Tâches	H. Régulières Début H : MM	H. Régulières Fin H : MM	H. Suppl. Début H : MM	H. Suppl. Fin H : MM	Total Heures
		TOTAL					

Année : ....   Mois : ....

Nom : ....

Numéro d'identification: ....

Téléphone: ....

E-mail: ....

Dept . ...

Superviseur : ....

Jour	Date	Description Du Travail / Tâches	H. Régulières Début H : MM	H. Régulières Fin H : MM	H. Suppl. Début H : MM	H. Suppl. Fin H : MM	Total Heures
		TOTAL					

Année : ....   Mois : ....

Nom :
Numéro d'identification:
Téléphone:
E-mail:

Dept .
Superviseur :

Jour	Date	Description Du Travail / Tâches	H. Régulières Début H : MM	H. Régulières Fin H : MM	H. Suppl. Début H : MM	H. Suppl. Fin H : MM	Total Heures
		TOTAL					

Année : .... Mois : ....

Nom :
Numéro d'identification:
Téléphone:
E-mail:

Dept .
Superviseur **:**

Jour	Date	Description Du Travail / Tâches	H. Régulières Début H : MM	H. Régulières Fin H : MM	H. Suppl. Début H : MM	H. Suppl. Fin H : MM	Total Heures
		TOTAL					

Année : ....   Mois : ....

Nom : ______________________________

Numéro d'identification: ______________________________

Téléphone: ______________________________

E-mail: ______________________________

Dept . ______________________________

Superviseur **:** ______________________________

Jour	Date	Description Du Travail / Tâches	**H. Régulières**		**H. Suppl.**		Total Heures
			Début H : MM	**Fin** H : MM	**Début** H : MM	**Fin** H : MM	
		TOTAL					

Année : .... Mois : ....

Nom :

Numéro d'identification:

Téléphone:

E-mail:

Dept .

Superviseur :

			H. Régulières		H. Suppl.		
Jour	Date	Description Du Travail / Tâches	Début H : MM	Fin H : MM	Début H : MM	Fin H : MM	Total Heures
		TOTAL					

Année : ....   Mois : ....

Nom :

Numéro d'identification:

Téléphone:

E-mail:

Dept .

Superviseur :

Jour	Date	Description Du Travail / Tâches	H. Régulières		H. Suppl.		Total Heures
			Début H : MM	Fin H : MM	Début H : MM	Fin H : MM	
		TOTAL					

Année : ....   Mois : ....

Nom :

Numéro d'identification:

Téléphone:

E-mail:

Dept .

Superviseur :

Jour	Date	Description Du Travail / Tâches	H. Régulières Début H : MM	H. Régulières Fin H : MM	H. Suppl. Début H : MM	H. Suppl. Fin H : MM	Total Heures
		TOTAL					

Année : ……….   Mois : …………..

Nom :

Numéro d'identification:

Téléphone:

E-mail:

Dept .

Superviseur :

			H. Régulières		H. Suppl.		
Jour	Date	Description Du Travail / Tâches	Début H : MM	Fin H : MM	Début H : MM	Fin H : MM	Total Heures
		TOTAL					

Année : .... Mois : ....

Nom :

Numéro d'identification:

Téléphone:

E-mail:

Dept .

Superviseur :

			H. Régulières		H. Suppl.		
Jour	Date	Description Du Travail / Tâches	Début H : MM	Fin H : MM	Début H : MM	Fin H : MM	Total Heures
		TOTAL					

Année : ....   Mois : ....

Nom : ____________________

Numéro d'identification: ____________________

Téléphone: ____________________

E-mail: ____________________

Dept . ____________________

Superviseur : ____________________

Jour	Date	Description Du Travail / Tâches	H. Régulières Début H : MM	H. Régulières Fin H : MM	H. Suppl. Début H : MM	H. Suppl. Fin H : MM	Total Heures
		TOTAL					

Année : .... Mois : ....

Nom :

Numéro d'identification:

Téléphone:

E-mail:

Dept .

Superviseur :

Jour	Date	Description Du Travail / Tâches	H. Régulières		H. Suppl.		Total Heures
			Début H : MM	Fin H : MM	Début H : MM	Fin H : MM	
		TOTAL					

Année : ....   Mois : ....

Nom : ____________________

Numéro d'identification: ____________________

Téléphone: ____________________

E-mail: ____________________

Dept . ____________________

Superviseur : ____________________

Jour	Date	Description Du Travail / Tâches	H. Régulières		H. Suppl.		Total Heures
			Début H : MM	Fin H : MM	Début H : MM	Fin H : MM	
		TOTAL					

Année : ....   Mois : ....

Nom :

Numéro d'identification:

Téléphone:

E-mail:

Dept .

Superviseur :

Jour	Date	Description Du Travail / Tâches	H. Régulières Début H : MM	H. Régulières Fin H : MM	H. Suppl. Début H : MM	H. Suppl. Fin H : MM	Total Heures
		TOTAL					

Année : ....   Mois : ....

Nom :

Numéro d'identification:

Téléphone:

E-mail:

Dept .

Superviseur **:**

Jour	Date	Description Du Travail / Tâches	**H. Régulières**		**H. Suppl.**		Total Heures
			Début H : MM	**Fin** H : MM	**Début** H : MM	**Fin** H : MM	
		TOTAL					

Année : .... Mois : ....

Nom :

Numéro d'identification:

Téléphone:

E-mail:

Dept .

Superviseur **:**

Jour	Date	Description Du Travail / Tâches	H. Régulières Début H : MM	H. Régulières Fin H : MM	H. Suppl. Début H : MM	H. Suppl. Fin H : MM	Total Heures
		TOTAL					

Année : .... Mois : ....

Nom :

Numéro d'identification:

Téléphone:

E-mail:

Dept .

Superviseur :

			H. Régulières		H. Suppl.		
Jour	Date	Description Du Travail / Tâches	Début H : MM	Fin H : MM	Début H : MM	Fin H : MM	Total Heures
		TOTAL					

Année : .... Mois : ....

Nom :

Numéro d'identification:

Téléphone:

E-mail:

Dept .

Superviseur **:**

			H. Régulières		H. Suppl.		
Jour	Date	Description Du Travail / Tâches	Début H : MM	Fin H : MM	Début H : MM	Fin H : MM	Total Heures
		TOTAL					

Année : .... Mois : ....

Nom :

Numéro d'identification:

Téléphone:

E-mail:

Dept .

Superviseur **:**

			H. Régulières		**H. Suppl.**		
Jour	Date	Description Du Travail / Tâches	**Début** H : MM	**Fin** H : MM	**Début** H : MM	**Fin** H : MM	Total Heures
		TOTAL					

Année : ……….　　Mois : ……………

Nom :

Numéro d'identification:

Téléphone:

E-mail:

Dept .

Superviseur :

			H. Régulières		H. Suppl.		
Jour	Date	Description Du Travail / Tâches	Début H : MM	Fin H : MM	Début H : MM	Fin H : MM	Total Heures
		TOTAL					

Année : ....   Mois : ....

Nom : ____________________

Numéro d'identification: ____________________

Téléphone: ____________________

E-mail: ____________________

Dept . ____________________

Superviseur : ____________________

Jour	Date	Description Du Travail / Tâches	H. Régulières Début H : MM	H. Régulières Fin H : MM	H. Suppl. Début H : MM	H. Suppl. Fin H : MM	Total Heures
		TOTAL					

Année : ……….. Mois : ……………

Nom : ……………………………………………

Numéro d'identification: ……………………………………………

Téléphone: ……………………………………………

E-mail: ……………………………………………

Dept . ……………………………………………

Superviseur : ……………………………………………

Jour	Date	Description Du Travail / Tâches	H. Régulières Début H : MM	H. Régulières Fin H : MM	H. Suppl. Début H : MM	H. Suppl. Fin H : MM	Total Heures
		TOTAL					

Année : ……….. Mois : ……………

Nom :

Numéro d'identification:

Téléphone:

E-mail:

Dept .

Superviseur :

Jour	Date	Description Du Travail / Tâches	H. Régulières Début H : MM	H. Régulières Fin H : MM	H. Suppl. Début H : MM	H. Suppl. Fin H : MM	Total Heures
		TOTAL					

Année : ....   Mois : ....

Nom :

Numéro d'identification:

Téléphone:

E-mail:

Dept .

Superviseur **:**

Jour	Date	Description Du Travail / Tâches	H. Régulières		H. Suppl.		Total Heures
			Début H : MM	**Fin** H : MM	**Début** H : MM	**Fin** H : MM	
		TOTAL					

Année : ....   Mois : ....

Nom : ______________________________

Numéro d'identification: ______________________________

Téléphone: ______________________________

E-mail: ______________________________

Dept . ______________________________

Superviseur **:** ______________________________

Jour	Date	Description Du Travail / Tâches	H. Régulières		H. Suppl.		Total Heures
			Début H : MM	Fin H : MM	Début H : MM	Fin H : MM	
		TOTAL					

Année : .... Mois : ....

Nom :
Numéro d'identification:
Téléphone:
E-mail:

Dept .
Superviseur :

Jour	Date	Description Du Travail / Tâches	H. Régulières Début H : MM	H. Régulières Fin H : MM	H. Suppl. Début H : MM	H. Suppl. Fin H : MM	Total Heures
		TOTAL					

Année : ....   Mois : ....

Nom :

Numéro d'identification:

Téléphone:

E-mail:

Dept .

Superviseur **:**

Jour	Date	Description Du Travail / Tâches	**H. Régulières**		**H. Suppl.**		Total Heures
			Début H : MM	**Fin** H : MM	**Début** H : MM	**Fin** H : MM	
		TOTAL					

Année : ....   Mois : ....

Nom :

Numéro d'identification:

Téléphone:

E-mail:

Dept .

Superviseur **:**

Jour	Date	Description Du Travail / Tâches	H. Régulières		H. Suppl.		Total Heures
			Début H : MM	Fin H : MM	Début H : MM	Fin H : MM	
		TOTAL					

Année : ....   Mois : ....

Nom : ______________________________

Numéro d'identification: ______________________________

Téléphone: ______________________________

E-mail: ______________________________

Dept . ______________________________

Superviseur : ______________________________

			H. Régulières		H. Suppl.		
Jour	Date	Description Du Travail / Tâches	Début H : MM	Fin H : MM	Début H : MM	Fin H : MM	Total Heures
		TOTAL					

Année : .... Mois : ....

Nom :

Numéro d'identification:

Téléphone:

E-mail:

Dept .

Superviseur :

Jour	Date	Description Du Travail / Tâches	H. Régulières Début H : MM	H. Régulières Fin H : MM	H. Suppl. Début H : MM	H. Suppl. Fin H : MM	Total Heures
		TOTAL					

Évaluer le produit sur Amazon

•Cliquez sur Rédiger un **Avis** client dans la section **Avis** client.
•Sélectionnez un classement par étoiles.

Si vous avez apprécié ce livre, parlez-nous et aux autres de cette expérience! cela ne vous dérangerait pas de laisser un commentaire rapide,

Daftir Siwar

Printed in France by Amazon
Brétigny-sur-Orge, FR

16653455R00063